집중력, 사고력,
인지력, 어휘력까지
한 번에 OK!

브레인 UP 낱말퍼즐 게임

HR기획 글

 효리원
hyoreewon.com

브레인 UP! 가로세로 낱말 퍼즐

가로 길잡이

1 어른 남자의 입 주변과 턱, 뺨에 나는 털.
할아버지는 ○○을 깎으셨어요.

3 소리 없이 빙긋 웃는 웃음.

4 사람이 걸터앉을 수 있는 기구. 나무나 플라스틱으로
만들고, 등받이가 있기도 하고 없기도 함. 책상과 ○○.

6 발로 공을 굴려 골대에 넣는 경기.

세로 길잡이

1 여름에 먹는 둥근 과일. 속은 빨갛고 달며 물이 많다.
겉껍질은 초록색에 검은 줄무늬가 있음.

2 땅속이나 썩은 나무 속에 집을 짓고 사는 곤충.
허리가 가늘다. ○○와 베짱이.

5 밀가루나 쌀가루에 우유, 설탕 등을 넣어 반죽한 뒤
굽거나 튀긴 음식. 바삭하고 맛있는 간식.

7 하늘에 하얀 솜사탕처럼 떠 있는 것. 뭉게○○.

알맞은 낱말을 찾아 ◯로 묶기

미	손	발	차	기	윷
단	강	추	어	이	놀
닭	공	강	놀	발	이
싸	기	물	술	씨	여
움	사	가	을	래	름
투	호	팽	오	뎅	만
불	두	이	옥	속	두

♥ 여러 사람이 손을 잡고 빙빙 돌면서 춤을 추고 노래를 부름.

♥ 화살을 던져 병에 넣는 놀이.

♥ 네 사람이 꽹과리, 징, 장구, 북을 어우러져 치는 놀이.

♥ 두 사람이 샅바를 잡고 힘과 기술을 이용해서 상대를 먼저 넘어뜨리면 이기는 우리나라 고유의 운동.

♥ 바둑판에 흰 돌과 검은 돌 다섯 개를 잇따라 놓으면 이기는 놀이.

길잡이 글을 잘 읽고 알맞은 낱말을 찾아 ○로 묶어 보세요.

박	수	옥	돔	깨	금
개	잠	함	봉	녀	발
천	고	수	감	해	재
절	찬	드	절	사	채
학	교	양	름	도	기
항	중	갈	치	리	닭
양	심	오	징	어	오

♥ 겨울에 물이나 액체가 밑으로 흐르다가 길게 얼어붙은 얼음.

♥ 코가 간지러워 갑자기 크게 소리 내며 숨을 내뿜는 것.

♥ 옳고 그른 것을 판단하는 마음의 소리.

♥ 제주도에서 유명한 바닷물고기. 구이나 미역국으로 먹어요.

♥ 세시 명절의 하나로 음력 9월 9일. 국화전을 먹는 날.

브레인 UP! 가로세로 낱말 퍼즐

가로 길잡이

2 시간을 알려 주는 물건. 똑딱똑딱! 쉬지 않고 일해요.

3 사람이 오르내리기 위해 건물에 만든 층층대.
   나는 엘리베이터를 타지 않고 ○○으로 걸어서
   올라갔어요.

세로 길잡이

1 바닷물이 빠져나갔을 때 드러나는 땅.
   부드럽고 차진 흙으로 된 땅. ○○에서 조개를 잡아요.

2 놀이터에서 마주 보고 위아래로 타는 기구.

4 옷을 여미기 위해 달려 있는 동그란 물건.

5 추측해서 헤아려 보는 것.
   동생이 일렀다고 섣불리 ○○하지 마.

6 통나무를 가지런히 엮어서 만든 배.

7 코로 맡는 온갖 기운. 음, 고소한 ○○!
   빵집 앞을 지나갈 때면 구수한 빵 ○○가 나요.

음, 나도
도전해 볼까?

1

2

3

4

5

6

7

속	도	홍	고	철	배
백	정	양	혜	식	려
진	심	남	끈	점	명
도	숙	존	현	기	한
협	동	중	화	홍	최
법	장	전	심	주	강
울	사	책	별	공	랑

♥ 서로 마음과 힘을 하나로 합치는 것.

♥ 포기하지 않고 끈질기게 견디어 나가는 것. 넌 ○○가 부족해.

♥ 다른 사람을 도와주고 보살펴 주려고 마음을 씀.

　넌 ○○심이 강하구나. 넌 다른 사람을 ○○하는 마음이 없구나!

♥ 다른 사람의 감정, 의견에 대해 자기도 그렇다고 느끼는 것.

♥ 다른 사람을 높이어 귀중하게 대함.

길잡이 글을 잘 읽고 알맞은 낱말을 찾아 ○로 묶어 보세요.

낙	하	사	슴	영	비
표	엽	민	박	아	미
돌	당	화	수	밥	손
창	살	허	성	동	흥
문	고	장	두	주	민
횡	단	보	도	전	달
컴	퍼	스	홍	자	팽

♥ 가을에 식물의 잎이 말라서 떨어지는 것.

♥ 곡식을 해치는 새를 막기 위해 논밭에 사람 모양으로 세워 둔 것.

♥ 태양에서 넷째로 가까이 있는 행성. 수성, 금성, 지구, ○○.

♥ 차도 위에 사람이 가로로 건너다닐 수 있도록 한 길. 신호등이나 안전 표지가 있음.

♥ 영국에서 활약하고 있는 우리나라 축구 선수. ㅅ ㅎ ㅁ.

브레인 UP! 가로세로 낱말 퍼즐

가로 길잡이

1 사람의 힘이 더해지지 아니하고 세상에 스스로
존재하거나 저절로 이루어지는 모든 존재나 상태.
산, 바다, 식물, 동물 등. ○○보호.

3 문장이 끝날 때 쓰는 문장 부호. 까만 점 모양.

5 역사적 유물이나 예술품을 보존하고 일반인에게
전시하는 곳. ○○○ 견학. 공룡 ○○○.

6 밥을 짓는 솥. 전기○○.

세로 길잡이

2 연못에서 자라는 잎사귀가 넓은 꽃.
붉은색 또는 흰색의 꽃이 핌.

4 비, 바람, 하천 등에 의해 지표면이 점점 깎이는 것.

5 손바닥 두 개를 마주치는 것. 다같이 ○○ 짝짝짝!

7 솥을 덮는 뚜껑.

알맞은 낱말을 찾아 ◯로 묶기

강	콩	어	메	밀	밥
남	갈	리	주	빔	간
옥	비	굴	비	삼	고
돔	현	젓	옹	기	등
평	양	냉	면	심	어
카	살	소	겹	탕	이
수	면	짜	장	레	고

♥ '새알'을 뜻하는 강원도 방언. 감자 ◯◯◯.

♥ 전라도 전주의 대표 음식. 여러 가지 나물과 고기에 양념을 넣어 비벼 먹는 음식.

♥ 서산의 대표 음식. 생굴에 소금과 고춧가루를 넣어서 담근 굴젓.

♥ 경북 안동에서 유래된 소금에 절인 고등어.

♥ 메밀국수에 찬 장국을 부어 먹는 평양에서 유명한 음식.

길잡이 글을 잘 읽고 알맞은 낱말을 찾아 ○로 묶어 보세요.

비	상	문	조	니	해
도	시	락	열	매	강
줄	다	리	기	외	구
박	달	나	무	나	두
바	태	산	홍	무	쇠
렌	위	풍	딸	다	리
오	지	선	랑	기	산

♥ 밧줄을 마주 잡고 당기는 놀이.

♥ 비를 내리며 거세게 부는 바람. 여름이면 이것으로 큰 피해를 입어요.

♥ 돈이나 물건을 몹시 아끼는 사람. 비슷한 말은 자린고비.

♥ 부피가 무척 큰 돌. 계란으로 ○○치기.

♥ 사고가 났을 때 급히 나갈 수 있게 마련해 놓은
비상구에 붙어 있는 문.

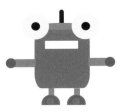

브레인 UP! 가로세로 낱말 퍼즐

가로 길잡이

1 탈을 쓰고 추는 춤.

3 일할 때 쓰는 연장을 통틀어 이르는 말.
  청소 ○○를 가지고 모여라!

4 골짜기나 들에 흐르는 작은 물줄기.
  ○○가에 올챙이 한 마리♫

6 심장 박동으로 심장에서 나오는 피가 동맥의 벽에
  닿아서 생기는 주기적인 움직임.
  힘차게 달렸더니 ○○이 빠르게 뛰어요!

세로 길잡이

1 벼, 보리 등의 이삭에서 낟알을 떨어내는 일.

2 울릉도 동남쪽에 위치한 섬. 일본이 자기네 땅이라고
  우기는 우리 섬. ○○는 우리 땅!

5 무게를 재는 기구.

7 낮에는 주로 어두운 곳에 거꾸로 매달려 있다가 밤에
  활동하는 동물.

알맞은 낱말을 찾아 ◯로 묶기

소	마	씨	름	백	추
홍	단	오	셈	한	석
도	어	린	이	날	한
삼	난	중	양	절	식
영	복	하	구	코	지
하	날	보	름	동	곡
설	정	월	대	냉	통

♥ 우리나라 명절의 하나로, 음력 5월 5일. 단오떡을 해 먹음.
  여자는 창포물에 머리를 감고 그네를 뛰며, 남자는 씨름을 함.

♥ 음력 8월 15일. 햅쌀로 송편을 빚고, 햇과일로 차례를 지냄.

♥ 우리나라 명절의 하나로, 음력 1월 1일. 떡국을 먹고 세배를 함.

♥ 초복, 중복, 말복을 통틀어 이르는 말. 삼계탕을 먹음.

♥ 일 년 중 낮이 가장 짧고 밤이 가장 긴 날. 팥죽을 쑤어 먹음.

길잡이 글을 잘 읽고 알맞은 낱말을 찾아 ○로 묶어 보세요.

육	어	린	이	디	코
소	하	해	수	박	정
임	나	원	홍	시	기
산	싸	기	칙	풍	배
부	노	단	환	컵	롱
리	약	오	스	승	닥
비	자	잔	입	낭	송

♥ 늙거나 약한 사람을 가리키는 말. ○○○에게 자리를 양보하세요.

♥ '누가, 언제, 어디서, 무엇을, 어떻게, 왜'의 여섯 가지를 이르는 말.

♥ 시를 분위기에 맞게 소리 내어 읽는 것.

♥ 여름에 갑자기 세차게 쏟아지다가 곧 그치는 비.

♥ 안에 있는 더러운 공기를 바깥의 맑은 공기와 바꾸는
기구. 프로펠러 모양의 팬이 달려 있어요.

가로 길잡이

2 정월 대보름에 깨물어 먹는 딱딱한 열매류인 땅콩, 호두, 잣을 통틀어 이르는 말.

3 껍질을 벗기고 꼬챙이나 실에 꿰어서 말린 감. 전래 동화에서 호랑이가 무서워한 것.

세로 길잡이

1 가을에 나뭇잎이 빨갛게 노랗게 물드는 것.

2 동물의 알 속에서 새끼가 껍데기를 깨고 나오는 것.

4 고마움을 나타내는 인사. 선생님, ○○합니다!

5 60을 읽는 말. 30은 서른, 40은 마흔, 50은 쉰.

6 국악기의 하나. 통의 허리가 가늘고 잘록하며, 양손에 채를 잡고 둥근 면을 치면 덩더쿵 소리가 나는 타악기.

7 물기, 습기를 말려서 없앰. 빨래 ○○기. 과일 ○○기. 햇볕이 쨍쨍해서 빨래가 금방 ○○되는구나!

알맞은 낱말을 찾아 ◯로 묶기

바	도	만	힌	다	족
이	트	골	바	가	철
러	조	나	산	황	사
스	아	이	신	리	문
피	맛	골	감	용	화
개	연	곤	무	마	유
최	건	권	선	종	산

♥ 아껴 쓰고 나눠 쓰고 바꿔 쓰고 다시 쓰고 운동.

♥ 태극기에 쓰인 네 괘를 통틀어 이르는 말.

♥ 아주 작은 미생물. 감기를 일으킴. 코로나19 ◯◯◯◯.

♥ 조상 대대로 내려온 각종 문화재나 문화 양식 중에서 다음 세대에
물려줄 가치가 있는 것. 우리의 ◯◯◯◯을 세계에 알리자!

♥ 분단으로 서로 떨어져 소식을 모르는 가족.

길잡이 글을 잘 읽고 알맞은 낱말을 찾아 ○로 묶어 보세요.

현	멍	게	도	로	성
악	발	어	진	사	장
기	준	의	만	미	타
표	똑	화	식	라	상
우	가	창	소	주	떨
표	강	범	해	중	형
수	묵	화	상	민	용

♥ 가야금, 바이올린처럼 줄을 이용해 소리를 내는 악기.

♥ 먹을 이용해 그린 그림.

♥ 집이 화목하면 모든 일이 잘 풀린다는 말.

♥ 한 나라에서 모두가 공통적으로 쓰기로 정한 말.

♥ 옷, 음식, 집을 모두 합쳐 부르는 말. 사람이
   살아가는 데 꼭 필요함.

브레인 UP! 가로세로 낱말 퍼즐

가로 길잡이

1 얼굴에 마음속에 품은 감정이 드러나는 모습.
엄마는 화가 났는지 ○○이 어두웠어요.

3 무엇이 살에 닿아 가볍게 스칠 때 견디기 어렵게
간질간질한 느낌. 주로 겨드랑이나 옆구리를 손으로
살살 문지르면 참을 수 없어 까르륵 웃음이 남.

5 세계 여러 나라 동물들을 볼 수 있도록 시설을 갖추어 놓은
곳. 식물이 있는 곳은 식물원, 동물이 있는 곳은 ○○○.

6 궁리한 생각이나 의견을 내놓음.

세로 길잡이

2 경치 좋은 곳에 놀거나 쉬기 위해 만든 집.
벽은 없고 지붕과 기둥만 있음.

4 땅, 건물이 흔들리는 것.

5 어린이 마음을 담은 시.

7 자전거 또는 인라인 스케이트를 탈 때 머리를 보호하기
위해 쓰는 물건.

낱말 퍼즐을 하면 머리가 좋아진대!

알맞은 낱말을 찾아 ◯로 묶기

삼	네	가	숙	탈	피
환	천	이	양	고	흐
전	미	갑	마	영	세
조	김	광	자	르	종
수	난	홍	신	한	대
이	장	절	도	평	왕
산	불	마	티	스	로

♥ 조선 시대 화가로 호는 단원. 해학과 풍자가 넘치는 서민 사회의
   생활상을 그린 풍속화가로 유명. 「씨름도」「서당」 등이 대표적임.

♥ 「별이 빛나는 밤」「해바라기」를 그린 네덜란드 화가.

♥ 한글을 만든 조선 시대 왕.

♥ 강렬하고 개성적인 색채를 사용한 프랑스의 야수파 화가.

♥ 한 갑자(60년)의 3천 배, 곧 18만 년을 뜻함. 매우 오랜 시간을 말함.

길잡이 글을 잘 읽고 알맞은 낱말을 찾아 ○로 묶어 보세요.

다	이	어	트	헬	이
대	륨	암	컷	자	슬
꼴	통	만	장	신	구
비	잎	령	회	고	동
만	금	보	장	구	서
감	자	황	호	마	낭
투	표	휴	지	자	북

♥ 선거에서 자기 생각을 표시하는 것. 반장을 뽑으려면 이걸 해야 해요.

♥ 어떤 사람을 보호할 책임을 가지고 있는 사람.

　 ○○○와 같이 오세요. ○○○는 밖에서 기다리세요.

♥ 몸을 꾸미기 위해 사용하는 것. 반지, 귀고리, 목걸이 따위.

♥ 동물에서 새끼를 낳는 쪽. 반대말은 수컷.

♥ 살이 많이 쪄서 뚱뚱한 것.

브레인 UP! 가로세로 낱말 퍼즐

가로 길잡이

1 밀가루에 물을 넣고 주물럭거리는 것.

3 안부, 소식을 전하기 위해 보내는 글.

4 신이나 초작연적인 절대자에 대한 믿음을 통하여 인간 생활의 고뇌를 해결하고 삶의 의미를 추구하는 문화 체계. 대표적으로 불교, 이슬람교, 기독교, 천주교.

6 낱말을 모아서 일정한 순서로 배열하고 발음과 뜻 등을 해설한 책. 국어○○, 영어○○.

세로 길잡이

1 어떤 생각에 따르지 아니하고 맞서는 것. 찬성과 ○○.

2 추석에 먹는 떡. 깨나 밤, 콩을 넣어 반달 모양으로 빚음.

5 안전하게 찻길을 건널 수 있게 공중으로 건너질러 놓은 다리.

7 떨어져 있는 사람이 서로 이야기를 할 수 있게 만든 기계. 또는 이 기계로 말을 주고받음. 엄마한테 ○○ 좀 하렴. ○○ 좀 그만 끊어라. 새로 나온 ○○기로 바꾸었어요.

가로와 세로 길잡이를 잘 읽고 퍼즐을 완성해 보세요.

낱말 퍼즐
재미있다~!

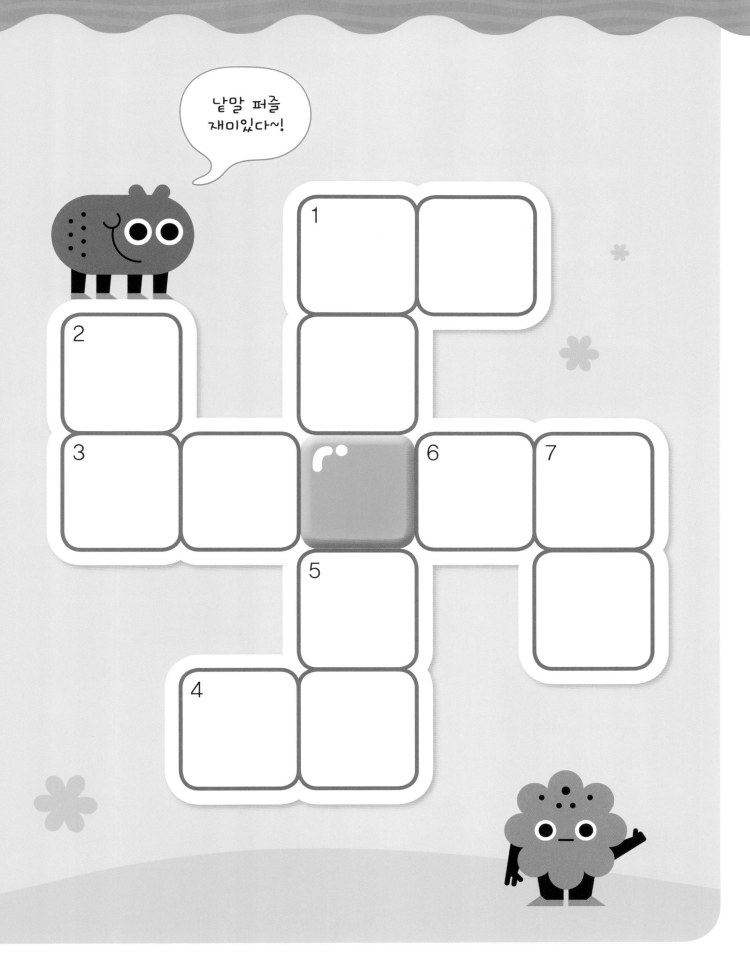

알맞은 낱말을 찾아 ◯로 묶기

강	산	들	케	이	팝
올	미	세	먼	지	울
구	림	딸	박	동	참
멍	기	픽	려	수	외
바	손	반	오	렌	지
나	흥	피	태	권	도
나	민	리	에	어	컨

♥ 4년마다 열리는 국제 운동 경기 대회. 제1회는 그리스 아테네에서 열림.

♥ 사람이 한 가족처럼 가까이 두고 기르는 동물.

♥ 한국 고유의 무술. 손과 발, 몸의 각 부분을 사용하여 지르기, 차기, 막기 등의 기술을 구사하여 공격과 방어를 함.

♥ 대기에 떠다니는 아주 작은 먼지. 호흡기로 들어가 건강을 해롭게 함.

♥ 전 세계적으로 인기 있는 한국의 대중가요를 통틀어 이르는 말.

길잡이 글을 잘 읽고 알맞은 낱말을 찾아 ◯로 묶어 보세요.

곡	서	불	야	활	등
식	찰	울	김	평	소
남	이	산	화	채	척
용	친	자	글	당	초
돈	선	인	유	기	후
백	한	윤	섭	변	화
한	탄	소	발	자	국

♥ 자기가 하고 싶은 대로 하는 것. ◯◯의 여신상.

♥ 안부, 소식, 용무 따위를 적어 보내는 글. 편지의 옛말.

♥ 차별 없이 모두가 똑같이 대접받는 것.

♥ 부모님께 받아서 편하게 쓰는 돈. ◯◯ 기입장.

♥ 개인, 단체가 발생시키는 온실가스의 총량.

브레인 UP! 가로세로 낱말 퍼즐

가로 길잡이

2 사람, 짐승의 몸을 감싸고 있는 살가죽.
○○에 두드러기가 나서 ○○과에 갔어요.

3 새가 알을 낳거나 깃들이는 곳. 참새가 ○○를 틀었어요.

세로 길잡이

1 가까이 사는 집, 그런 사람. ○○ 사촌.

2 구멍이 여덟 개 있고, 입으로 불면서 손가락으로
구멍을 막았다 열었다 하면서 소리를 내는 악기.

4 마을이나 지방, 지역, 산천 등의 이름.

5 파와 함께 양념으로 많이 사용. 아리고 매우며,
독특한 냄새가 남. 「단군 신화」에서 곰이 쑥과 이것을
먹으며 동굴에서 백 일을 견뎌 사람이 되었다고 함.

6 무덤의 풀을 베어서 깨끗하게 함.

7 콩을 갈아서 만든 하얗고 네모난 식품. 단백질이 풍부.

가로와 세로 길잡이를 잘 읽고 퍼즐을 완성해 보세요.

낱말 퍼즐 시작!

알맞은 낱말을 찾아 ◯로 묶기

정	빵	집	햅	쌀	미
류	어	곡	식	허	나
장	비	깨	수	기	리
냉	둘	아	동	책	상
장	비	삼	먼	무	지
고	하	계	메	아	리
색	늘	탕	복	숭	아

♥ 서로 어깨에 팔을 얹어 끼고 서 있는 모양.

♥ 산에서 소리치면 되울려 오는 것. 내가 하는 말을 똑같이 따라 함.
  야~호~! 야~호~!

♥ 버스나 택시 등이 사람을 태우거나 내려 주기 위해 머무는 일정한 장소.

♥ 삼복에 더위를 이겨 내기 위해 먹는 음식. 닭을 푹 고아 만듦.

♥ 그해에 거둔 쌀. 추석에 ◯◯로 송편을 빚어요.

길잡이 글을 잘 읽고 알맞은 낱말을 찾아 ○로 묶어 보세요.

즈	입	양	뎅	다	래
우	떡	백	설	문	가
온	주	오	기	화	송
돌	치	선	편	가	심
꿀	시	루	만	정	정
주	죽	보	두	우	번
초	양	마	고	술	맥

♥ 자리나 물건을 다른 사람에게 사양하여 줌. 자리를 ○○합시다!

♥ 양자로 들어가거나, 양자를 들이는 일. 아기를 ○○했어요.

  첫째 아이는 ○○을 했고, 둘째 아이는 친자식이에요.

♥ 아궁이에 불을 때서 방을 따뜻하게 하는 장치.

♥ 우주를 갈 때 타는 물체.

♥ 서로 다른 나라 사람끼리 결혼하여 이룬 가정.

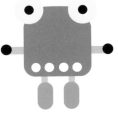

브레인 UP! 가로세로 낱말 퍼즐

가로 길잡이

1 바다에 이는 물결. 철썩철썩 부서지는 하얀 ○○.

3 비, 눈, 우박, 안개 따위로 일정 기간 동안 일정한 곳에 내린 물의 총량.

5 빛을 가리면 그 물체의 뒷면에 드리워지는 검은 그늘.

6 한 나라를 상징하는 기. 우리나라 ○○는 태극기.

세로 길잡이

2 목적한 곳에 다다름. 출발의 반대말.

4 물에서 헤엄치는 일.

5 물고기, 짐승을 잡는 데 쓰는 도구. 노끈이나 실, 쇠줄로 여러 코의 구멍이 나게 얽은 물건.

7 지붕을 기와로 얹은 집. 예전에 가난한 사람은 초가집을 지어 살았고, 부자는 ○○○을 지어 살았어요.

낱말 퍼즐을 하면 생각하는 힘도 좋아져!

알맞은 낱말을 찾아 ◯로 묶기

동	솔	복	사	각	형
그	한	획	치	마	독
라	큰	원	단	중	평
미	저	따	식	보	황
사	고	남	옴	안	도
계	리	독	연	표	화
절	도	정	삼	각	형

♥ 우리나라 전통 의상. 설날에 입고 세배해요.

♥ 꼭짓점이 세 개, 변이 세 개인 도형. 모양은 △.

♥ 봄, 여름, 가을, 겨울의 네 철을 이르는 말.

♥ 소리 내어 말을 할 때 쓰는 문장 부호.
　" "는 ◯◯◯◯, ' '는 작은따옴표.

♥ 상한 음식이나 익지 않은 음식을 먹으면 걸리는 병.

길잡이 글을 잘 읽고 알맞은 낱말을 찾아 ○로 묶어 보세요.

망	진	대	위	명	기
경	주	사	피	보	당
별	부	전	돋	감	나
재	활	용	치	블	무
부	루	김	마	깨	원
흰	새	우	튀	비	인
똥	전	시	복	치	금

♥ 우리나라 대표 음식. 배추나 무에 고춧가루와 갖은 양념을 넣어 만듦.

♥ 폐품을 가공하여 다시 쓰는 것. 이 휴지는 종이를 ○○○한 거야.

♥ 어떤 일이 일어나게 된 근본적인 이유. ○○과 결과.

♥ 물건을 크게 보기 위한 도구로, 관찰할 때 쓰임.

♥ 위험한 일이 생겼을 때 피해를 입지 않으려고 피함.
   불이 나면 계단으로 ○○하세요!

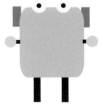

브레인 UP! 가로세로 낱말 퍼즐

가로 길잡이

1 사람의 목소리나 말소리를 이르는 말.
   아나운서라 그런지 우리말 ○○이 정확해요.

3 주기적인 수축으로 혈액을 몸 전체로 보내는 우리 몸의
   중요 기관. 긴장을 했더니 ○○이 콩닥콩닥 뛰어요.

4 위험이 생길 걱정이 없는 상태. 오늘도 ○○ 운전하세요.

6 여러 번 반복해서 저절로 몸에 밴 행동 방식.

세로 길잡이

1 발끝을 세워 음악에 맞추어 춤을 추는 서양 무용.
   대사로 진행되는 연극과 달리 춤에 의해 진행되는 무용극
   예술. 「백조의 호수」「호두까기 인형」 등.

2 바다나 강의 물의 깊이.

5 옛날에 사용하던 돈. 놋쇠로 만든 돈으로, 둥글고
   납작하며 가운데 구멍이 있음.

7 어떤 것을 자세히 살펴보는 것. 실험 ○○.

오	튜	색	고	끈	기
리	나	비	무	노	빔
구	명	환	방	설	귀
명	태	속	화	력	징
울	왕	성	쑥	성	검
갈	퍼	예	어	린	다
퀴	머	옥	상	붓	리

♥ 어떤 일을 당하기 전에 미리 생각해 보는 것.

♥ 물에 빠진 사람을 구할 때 쓰는 바퀴 모양의 둥근 기구.
 사람의 몸을 물 위에 뜨게 해요.

♥ 설날을 맞아 새로 장만해서 입는 옷.

♥ 개구리, 오리의 발가락 사이에 있는 얇은 막. 헤엄치는 데 사용.

♥ 고무나무 껍질에서 나오는 액체를 응고해 만든 물질. 탄력이 좋음.

길잡이 글을 잘 읽고 알맞은 낱말을 찾아 ○로 묶어 보세요.

력	장	따	옴	여	가
체	왕	바	특	기	청
찹	쌀	떡	구	청	키
백	두	산	환	니	위
압	록	토	강	추	면
일	보	한	샘	냉	손
겨	울	꽃	니	순	랑

♥ 찹쌀로 만든 떡.

♥ 우리나라 중부를 흐르는 강. 서울은 이 강을 두고
　강남과 강북으로 나뉘어요.

♥ 이른 봄, 꽃이 필 무렵의 추위.

♥ 장을 보러 가서 물건을 담아 오는 바구니.

♥ 일이 없어 남는 시간.

브레인 UP! 가로세로 낱말 퍼즐

가로 길잡이

2 먼동이 틀 무렵. 오늘은 ○○ 일찍 일어나서 졸려요.

3 물건, 기차표를 미리 사 두는 것.
여행을 가려고 기차표를 ○○했어요.

세로 길잡이

1 다른 것에 비해 특별히 눈에 띄는 점.

2 새로 돋아나는 싹.

4 여름에 나무에 매달려 맴맴 우는 곤충.

5 물, 주스처럼 담는 그릇에 따라 모양이 변하는 물질.
고체, ○○, 기체.

6 2로 나누어서 나머지가 1이 되는 수.
1, 3, 5, 7, 9 따위의 수. 반대로 2로 나누어서 나머지가
0인 2, 4, 6, 8 따위의 수는 짝수.

7 기쁜 일이 생겨 함께 모여 음식을 먹고 노는 것. 생일○○.

가로와 세로 길잡이를 잘 읽고 퍼즐을 완성해 보세요.

알맞은 낱말을 찾아 ◯로 묶기

강	울	처	럼	세	균
핵	천	이	낙	분	단
가	둥	통	슬	엽	알
족	서	일	말	미	쏭
오	리	리	나	림	달
또	병	아	리	침	쏭
실	래	바	나	질	반

♥ 남한과 북한이 하나가 되는 것. 우리의 소원은 ◯◯.

♥ 다른 생물체에 기생하여 병을 일으키기도 하고, 발효나 부패 작용을 하기도 하는 가장 미세한 생물체. 비슷한 말은 균.

♥ 한 쌍의 부부와 결혼하지 않은 자녀만으로 구성된 가족.

♥ 동서남북 방향을 알려 주는 물건.

♥ 나이나 수준이 비슷한 무리. 같은 ◯◯끼리 친구가 되었어요.

길잡이 글을 잘 읽고 알맞은 낱말을 찾아 ○로 묶어 보세요.

가	래	인	공	호	흡
사	찐	빵	바	게	트
각	근	달	흰	우	유
형	락	음	독	울	토
방	교	박	귤	이	마
음	생	질	볶	대	국
벽	순	떡	일	탕	육

♥ 소리가 밖으로 들리지 않도록 설치하는 벽.

♥ 숨을 못 쉬는 사람에게 다른 사람이 숨을 불어 넣어 주는 것.

♥ 꼭짓점이 네 개, 변이 네 개인 도형. □ 모양.

♥ 급히 뛰어 달려감. 달음박질과 같은 말.

♥ 가래떡을 적당한 크기로 잘라 여러 가지 채소를 넣고,
고추장이나 간장으로 양념을 하여 볶은 음식.

가로 길잡이

1 옛날에 사람을 태우고 둘이나 넷이 앞뒤에서 들고 다니던 탈것.

3 사람이나 사물을 높여서 이르는 말. 비슷한말은 존댓말. 생일의 ○○○은 생신.

5 습도와 온도가 높아 찌는 듯한 더위.

6 생물이 살아 움직이는 힘. 와, 너 ○○이 세구나!

세로 길잡이

2 오는 사람을 나가서 맞이함.

4 세습적으로 나라를 다스리는 우두머리.

5 물건의 무거운 정도를 말함.

7 학교에서 신나게 뛰어놀 수 있는 넓은 공간.

가로와 세로 길잡이를 잘 읽고 퍼즐을 완성해 보세요.

알맞은 낱말을 찾아 ◯로 묶기

소	오	동	잎	한	편
리	두	미	락	자	모
슴	통	라	래	이	치
파	대	도	만	정	일
직	각	뽕	란	약	교
홍	서	강	주	세	속
퐁	대	학	훈	함	님

♥ 엄마의 여동생이나 언니를 일컫는 말.

♥ 두 직선이 수직으로 만나 생기는 90도의 각.

♥ 서로 꼭 지키자고 새끼손가락을 걸고 하는 것.

♥ 앞으로 다가올 날들. 과거, 현재, ◯◯.

♥ 귀에 들리는 것. 음악 ◯◯, 종◯◯.

길잡이 글을 잘 읽고 알맞은 낱말을 찾아 ○로 묶어 보세요.

한	명	신	동	장	직
의	태	풍	홍	권	진
도	심	운	선	보	경
현	기	영	점	숙	혜
송	으	실	애	국	가
속	담	파	사	랑	진
마	징	가	나	요	리

♥ 옛날부터 전해 내려오는 지혜가 담긴 짧은 말. '가는 날이 장날',
  '고래 싸움에 새우 등 터진다'와 같은 말.

♥ 곧게 나아가는 것. 앞으로 ○○하다가 좌회전하세요.

♥ 얇은 고무주머니에 공기를 불어넣어 공중에 뜨게 만든 물건.

♥ 우리나라 국가. 동해물과 백두산이~ ♬

♥ 믿지 못하는 마음. 내가 가져가지 않았어. 너, 날 ○○하는 거야?

브레인 UP! 가로세로 낱말 퍼즐

가로 길잡이

1 생계를 유지하기 위해 계속해서 하는 일. 공무원, 교사, 요리사, 의사, 판매원, 회사원 등 여러 종류가 있음.

3 축구, 야구, 농구처럼 공을 가지고 하는 운동.

4 소의 젖. 살균하여 마시거나, 아이스크림이나 치즈의 원료로 씀. 딸기○○. 초코○○.

6 가치 있는 보배로운 물건. 해적들이 ○○ 상자를 발견했대!

세로 길잡이

1 휘거나 꺾이지 않은 곧은 선.

2 함께 놀며 친하게 지내는 사람.

5 어떤 현상이나 사물을 직접 설명하지 아니하고 다른 비슷한 현상이나 사물에 빗대어서 설명하는 일. 시간은 금이다. 별처럼 빛나는 눈.

7 물체의 본바탕. 고체, 액체, 기체의 모습을 띰.

알맞은 낱말을 찾아 ◯로 묶기

인	공	지	능	통	올
손	팔	레	트	럭	일
휴	수	노	랑	옥	색
지	만	건	식	팝	리
피	세	돌	멩	인	콘
구	오	이	무	침	마
초	성	게	임	컵	닭

♥ 두 편으로 갈라서 한 개의 공으로 상대편을 맞히는 공놀이.

♥ 옥수수 알갱이를 튀겨 만든 과자.

♥ 몸에 가지고 다니는 작고 얇은 수건.

♥ 4월 5일 나무 심는 날.

♥ 인간의 지능을 갖춘 컴퓨터 시스템. AI라고도 함.

길잡이 글을 잘 읽고 알맞은 낱말을 찾아 ○로 묶어 보세요.

결	도	레	미	파	다
심	홍	창	키	위	바
보	경	열	나	판	심
운	팔	심	리	조	콩
욕	심	징	채	종	자
반	침	한	스	위	찬
탈	총	교	만	칭	작

♥ 분수에 넘치게 무엇을 탐내거나 누리고자 하는 마음. ○○ 많은 놀부.

♥ 잘못이나 실수가 없도록 말이나 행동에 마음을 씀.
  길이 미끄러우니 ○○하렴.

♥ 좋은 점이나 착하고 훌륭한 일을 높이 평가함.

♥ 어떤 일에 정성을 다해 골똘하게 힘씀. ○○히 공부하자!

♥ 할 일에 대하여 어떻게 하기로 마음을 굳게 정함.

브레인 UP! 가로세로 낱말 퍼즐

가로 길잡이

2 사람들이 모여 사는 지방이나 지역.
  우리 ○○은 사과로 유명해요.
3 뜨겁고 차가운 정도. 보일러 ○○ 좀 낮춰라.

세로 길잡이

1 전설에서 바닷속에 있다고 하는 용왕의 궁전.
2 크게 외치는 소리.
  어디선가 이놈! 하는 ○○ 소리가 들렸어요.
4 매우 좁고 작은 개울. ○○ 치고 가재 잡는다.
5 바느질할 때 바늘귀를 밀기 위해 손가락에 끼는 도구.
6 숫자 90을 말함.
7 식물이 잘 자라도록 땅을 기름지게 하기 위하여 주는 물질.
  예전에는 똥, 오줌을 밭에 ○○으로 뿌렸어요.

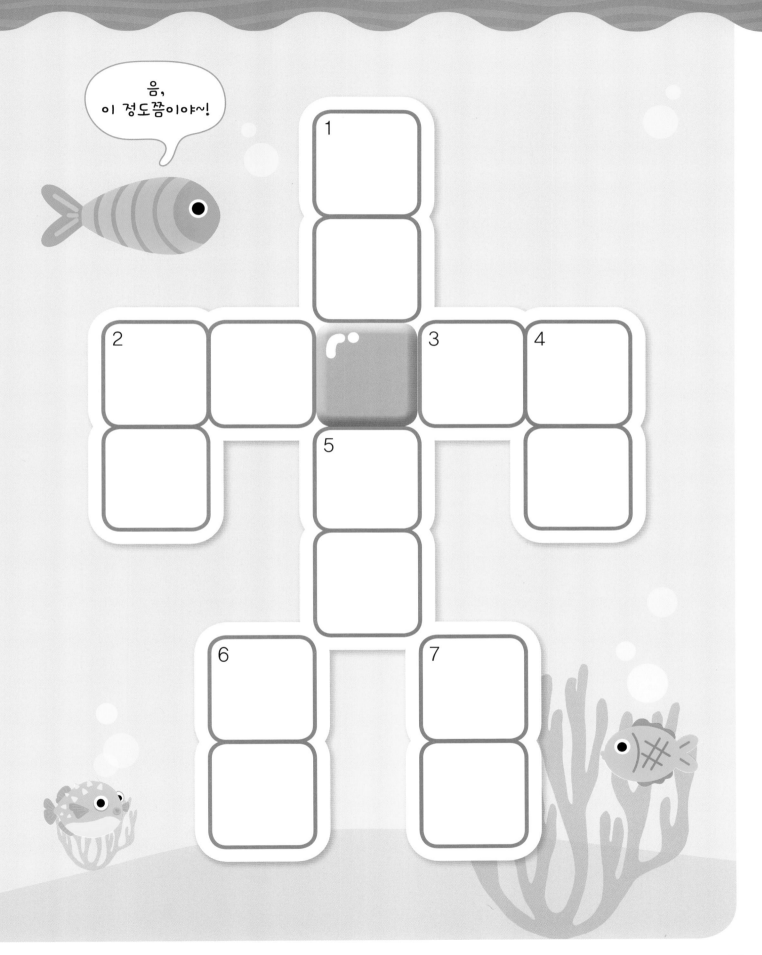

당	신	아	각	이	가
후	각	신	각	그	에
꽃	들	피	어	시	각
하	늘	을	촉	라	고
청	각	저	각	살	득
몽	드	세	요	외	롭
고	힘	든	너	미	각

♥ 물건이 피부에 닿아서 느끼는 감각.

♥ 눈으로 보고 느끼는 감각.

♥ 귀로 듣고 느끼는 감각.

♥ 혀로 맛보고 느끼는 감각.

♥ 코로 냄새 맡고 느끼는 감각.

길잡이 글을 잘 읽고 알맞은 낱말을 찾아 ○로 묶어 보세요.

깊	고	도	넓	샘	실
두	루	마	기	울	험
향	앉	장	흐	르	네
연	차	코	도	깨	비
주	아	저	씨	천	미
사	의	말	한	리	해
도	사	랑	다	없	으

♥ 차를 세워 두도록 마련한 공간.

♥ 외출할 때 입는 한복의 겉옷.

♥ 과학에서, 이론이나 현상을 관찰하고 측정함. ○○ 도구. 과학 ○○.

♥ 악기를 다루어 곡을 표현하거나 들려주는 일.

♥ 열을 이용해 구겨진 옷을 다리는 도구.

브레인 UP! 가로세로 낱말 퍼즐

🔑 가로 길잡이

1 물이 있는 곳을 제외한 땅.

3 둘 또는 그 이상의 여럿 사이에 두루 통하는 점.
   반대말은 차이점.

5 전깃줄을 늘여 매기 위해 세운 기둥. 강아지들이 이곳에
   오줌을 잘 눔.

6 여름철에 여러 날 동안 계속해서 내리는 비.
   ○○로 빨래가 마르지를 않아요.

🔑 세로 길잡이

2 원의 중심을 지나는 직선.

4 어떤 곳을 거쳐서 지나감.
   병아리 떼가 차도를 무사히 ○○했어요.

5 옛날부터 민간에서 전해 내려오는 이야기.
   저 은행나무에 소원을 빌면 이루어진다는 ○○이 있어요.

7 42.195km의 긴 거리를 달리는 육상 경기 종목.

가로와 세로 길잡이를 잘 읽고 퍼즐을 완성해 보세요.

너도 낱말 퍼즐
한번 해 봐!

그	래	오	서	잊	지
옷	해	리	아	표	국
직	도	발	낌	자	너
다	를	느	발	주	변
잡	다	돌	굴	생	쭈
꾸	미	익	바	헛	람
과	천	마	선	발	산

♥ 엉뚱하게 딴전을 부리는 태도를 이르는 말.

　　닭 잡아먹고 ○○○ 내밀기.

♥ 축구할 때 공을 잘못 차 허공을 디딘 발.

♥ 발로 밟은 자리에 남은 자국.

♥ 많으면 많을수록 좋다는 뜻의 사자성어.

♥ 느낌을 나타낼 때 문장 끝에 쓰는 문장 부호!

길잡이 글을 잘 읽고 알맞은 낱말을 찾아 ○로 묶어 보세요.

멀	리	서	낮	식	혜
널	보	말	잠	앓	을
때	짓	다	른	길	로
거	갈	까	생	각	했
피	는	데	변	가	움
한	아	듯	널	고	싶
어	짧	노	은	인	사

♥ 흰색과 검은색 건반으로 이루어진 악기.

♥ 밥알이 동동 뜨고 엿기름으로 만들어 달짝지근한 우리나라
  전통 음료.

♥ 낮에 잠깐 눈을 붙여 자는 잠.

♥ 사실이 아닌 것을 진짜처럼 꾸며 대어 말함.

♥ 오랫동안 비가 오지 않아 메마른 날씨. ○○으로 땅이 갈라졌어요.

브레인 UP! 가로세로 낱말 퍼즐

가로 길잡이

1 빠르기를 겨루는 일. 토끼와 거북의 ○○.

3 처리하거나 해결해야 할 문제. 비슷한말은 숙제.

4 먹기 위해 잡은 신선한 물고기.
수산물 시장에 들어서자 ○○ 비린내가 진동했어요.

6 자격을 가지고 병을 고치는 것을 직업으로 하는 사람.
병원에 가면 하얀 가운을 입고 환자를 진료해요.

세로 길잡이

1 자신이 직접 해 보거나 겪어 봄. 또는 거기서 얻은
지식이나 기능.

2 이가 아플 때 가는 병원. 입을 크게 아~ 벌려야 해요.

5 악보를 그리기 위해 그은 다섯 줄.

7 물체의 형상을 찍어 오랫동안 보존할 수 있게 만든 영상.
하나, 둘, 찰칵! 모두 김치~!

이제 낱말
퍼즐이 슬슬
재밌어지지?

1

2

3

6

7

5

4

알맞은 낱말을 찾아 ◯로 묶기

당	도	미	진	주	산
가	지	꾸	린	이	백
연	두	라	줄	홍	익
인	간	지	다	넘	슬
꼬	옹	쥐	모	판	기
기	현	모	작	래	독
무	지	개	립	운	중

♥ 바닷가나 운동장에 깔린 고운 돌 알갱이.

♥ 폴짝폴짝 뛰어 긴 줄을 넘는 운동.

♥ 종이로 사람이나 동물의 얼굴을 본떠 만들어 얼굴에 쓰는 것.

♥ 비 온 뒤 뜨는 일곱 빛깔 띠.

♥ 몸은 가늘고 길며 미끄러운 민물고기. 논, 개천 따위의
   흙 속에서 살아요.

길잡이 글을 잘 읽고 알맞은 낱말을 찾아 ○로 묶어 보세요.

마	법	같	았	지	등
가	분	수	왠	호	디
스	코	그	신	래	자
소	우	서	린	아	전
직	방	도	너	무	거
리	워	관	빼	로	킥
가	위	바	위	보	볼

♥ 손을 내밀어 손 모양에 따라 순서를 정하거나 승부를 정하는 방법.

♥ 불을 끄거나 불이 나지 않게 미리 막는 일을 하는 사람.

♥ 찻길에서 사람과 차에게 교통신호를 알려주는 장치.

♥ 안장에 앉아 두 다리로 페달을 밟으면 바퀴가 돌면서
  나가는 탈것.

♥ 분자가 분모와 같거나 분모보다 큰 분수.

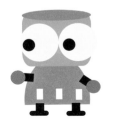

가로 길잡이

2 우리가 숨을 쉴 때 들이마시고 내쉬는 기체.

3 전쟁으로 분단되어 있지만 북쪽에 사는 우리와 같은 민족.
남쪽은 남한, 북쪽은 ○○.

세로 길잡이

1 학교에서 공부하는 방. 학생들은 모두 ○○로 들어가세요!

2 모르는 걸 배우고 익힘. 주로 학교나 학원에 가서 함.

4 4월 5일~6일경에 있는 우리 명절. 조상의 산소를 찾아
제사를 지내고 무덤에 떼를 입혀 다듬는 일을 함.

5 남의 물건을 훔치거나 빼앗는 따위의 나쁜 짓.
또는 그런 짓을 하는 사람. 바늘 ○○이 소 ○○ 된다!

6 집이나 건물이 있는 곳을 행정 구역으로 나타낸 이름.
어디 사는지 집 ○○를 말해 보아라!

7 설날에 웃어른께 인사로 하는 절.

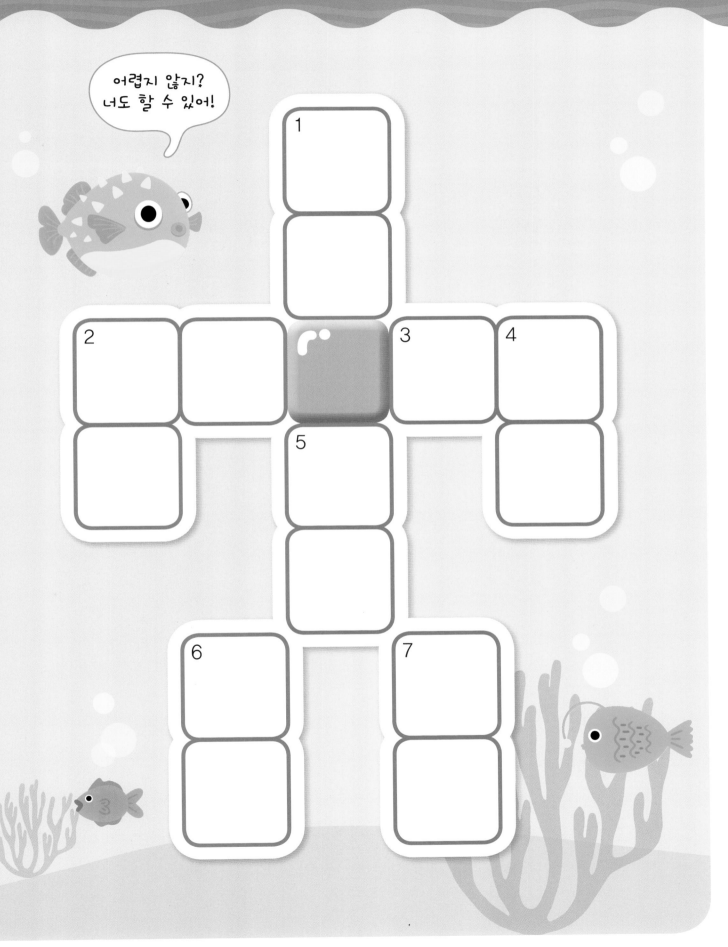

알맞은 낱말을 찾아 ◯로 묶기

젓	기	동	구	하	크
다	가	고	마	우	스
방	다	락	소	얼	월
주	죽	마	트	상	버
전	주	포	시	안	먼
액	전	농	도	중	경
진	자	혁	통	캔	필

♥ 시력이 나쁜 눈을 잘 보이게 하기 위하여 눈에 쓰는 물건.

♥ 물이나 음료를 담아서 따르게 만든 그릇.

♥ 그림, 글씨, 사진 따위를 끼우는 틀.

♥ 컴퓨터를 할 때 커서를 움직이게 하는 입력 장치. 쥐 모양.

♥ 음식을 집어 먹을 때 사용하는 한 쌍의 기다란 물건.

길잡이 글을 잘 읽고 알맞은 낱말을 찾아 ○로 묶어 보세요.

일	당	신	을	향	아
한	본	나	의	리	마
음	은	무	탈	조	미
건	특	이	급	사	국
랑	중	프	랑	스	태
평	양	국	을	건	너
인	도	대	서	서	라

♥ 수도는 베이징. 한자를 만들어 쓰는 나라.

♥ 수도는 워싱턴 D.C. 북아메리카 대륙에 있는 나라.

♥ 수도는 도쿄. 우리나라와 이웃하는 섬나라.

♥ 수도는 파리. 에펠탑, 루브르 박물관이 있는 나라.

♥ 수도는 로마. 피자와 파스타가 유명한 나라.

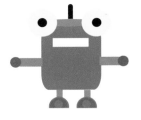

브레인 UP! 가로세로 낱말 퍼즐

가로 길잡이

1 부엌에서 쓰는 도구. 칼질을 할 때 밑에 바치는 것.
김치를 ○○에 놓고 썰었어요.

3 첫돌 때 상 위에 여러 물건을 놓고 아이가
마음대로 잡게 하는 일.

5 선생님이 알려 준 내용을 적은 글.
엄마는 ○○○을 보시고 준비물을 챙겨 주셨어요.

6 남자와 여자가 정식으로 부부 관계를 맺음.
드디어 노처녀 고모가 ○○을 했어요.

세로 길잡이

2 빠른 손놀림이나 속임수로 이상하고 야릇한 일을
해 보이는 것. 이은결, 최현우 등이 유명.

4 삶은 당면에 고기, 채소를 넣고 버무린 음식.

5 돈을 아껴 정성껏 살림하는 모양.
우리 엄마는 살림을 ○○하게 하신답니다.

7 고대 중국에서 천체의 운행과 위치를 관측하던 장치.
우리나라는 조선 시대 때 장영실이 만듦.

낱말 퍼즐
도전!

알맞은 낱말을 찾아 ◯로 묶기

너	당	신	동	장	군
꽃	밭	에	는	모	여
된	이	짜	장	면	고
장	요	비	유	치	원
찌	꿀	벌	인	사	슴
개	해	오	름	후	령
축	길	쌈	농	골	과

♥ 춘장에 고기와 채소를 넣어 볶은 면 요리. 검은색.

♥ 된장을 풀고 각종 채소를 넣어 끓인 찌개.

♥ 아주 매서운 겨울 추위를 빗대어 이르는 말로, 겨울 장군이라는 뜻.

♥ 실을 내어 옷감을 짜는 일을 통틀어 이르는 말.

♥ 귀, 코, 목구멍이 아플 때 가는 병원.

길잡이 글을 잘 읽고 알맞은 낱말을 찾아 ○로 묶어 보세요.

길	몽	도	홀	깨	안
기	하	면	엄	청	전
나	비	김	난	감	띠
성	모	예	장	수	님
공	새	벽	기	장	도
백	항	남	순	식	활
미	꽃	수	의	사	당

♥ 좋은 일이 있을 것 같은 느낌이 드는 꿈.

♥ 겨우내 먹을 김치를 한꺼번에 많이 담그는 일.

♥ 비행기가 뜨고 내리는 곳.

♥ 자동차나 버스를 탈 때 안전을 위해 매는 띠.

♥ 동물을 치료해 주는 의사.

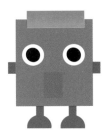

가로 길잡이

1 옛날부터 사람들 사이에 입으로 전해 내려온 노래.
아리랑, 군밤타령 등.

3 정오부터 반나절까지의 동안에 끼니로 먹는 음식.
아침, ○○, 저녁. ○○ 먹었니?

4 말을 타고 여러 가지 동작을 하는 경기.
또는 말을 탄다는 뜻의 한자어.

6 비 올 때 펼쳐서 머리 위를 가리는 물건.

세로 길잡이

1 강이나 호수처럼 소금기가 없는 물.

2 책을 갖추어 놓고 파는 곳. 비슷한말은 책방.

5 손으로 몸을 주물러 피로한 근육을 풀어 주는 일.
나는 할머니 어깨를 ○○했어요.

7 휴식을 취하거나 건강을 위해서 천천히 걷는 일.
아빠는 식사 후 공원으로 ○○을 나가셨어요.

가로와 세로 길잡이를 잘 읽고 퍼즐을 완성해 보세요.

알맞은 낱말을 찾아 ◯로 묶기

지	문	박	문	동	각
공	중	개	프	랑	요
인	스	위	뽐	탐	사
타	슬	프	민	들	정
악	지	레	는	강	낭
기	콩	렁	시	계	바
틀	똑	딱	이	쿡	퍼

♥ 손가락 안쪽에 있는 살갗의 무늬. 사람마다 다름.

♥ 두드려서 소리를 내는 악기를 통틀어 이르는 말. 북, 실로폰 등.

♥ 경찰은 아니지만 몰래 범인을 찾아내거나 비밀을 푸는 사람.
셜록 홈스. 명◯◯ 코난.

♥ 땅속에 사는 가늘고 긴 벌레. ◯◯◯도 밟으면 꿈틀한다.

♥ 어린이를 위하여 동심을 바탕으로 지은 노래.

길잡이 글을 잘 읽고 알맞은 낱말을 찾아 ○로 묶어 보세요.

피	자	한	판	주	음
세	장	요	콕	라	력
사	이	승	다	오	렌
거	문	고	오	쥬	지
스	엄	청	나	곡	게
조	율	마	니	헛	밥
개	수	잎	파	개	장

♥ 음력 정월 대보름에 다섯 가지 곡식을 섞어 지은 밥.

♥ 우리나라 현악기의 하나로, 여섯 개의 줄을 술대로 뜯어서 연주함.

♥ 달이 지구를 한 바퀴 도는 시간을 기준으로 만든 달력.
   반대말은 양력.

♥ 악기의 음을 표준음에 맞추어 고르는 일.

♥ 나무나 돌에 사람 얼굴을 새겨 마을 어귀에 세운 푯말.

브레인 UP! 가로세로 낱말 퍼즐

가로 길잡이

2 다섯 명씩 두 편으로 나뉘어 상대편 골대 그물에 공을
던져 넣는 경기.

3 특정한 음식만 가려서 즐겨 먹음.
쑥쑥 크려면 ○○하지 말고 골고루 먹어야 해.

세로 길잡이

1 밤 12시부터 다음날 밤 12시까지 시간.
○○는 24시간입니다.

2 농작물을 심어 키우고 거두는 일. 벼○○. 배추 ○○.

4 움직이지 못하고 한 자리에서 자라며, 주로 꽃과
홀씨주머니가 있고, 햇볕을 받아 광합성을 하는 생물.

5 손이나 얼굴을 물로 씻는 일.
일어났으면 얼른 ○○부터 해라.

6 무언가를 보거나 듣고 일어나는 생각이나 감정.
이 음악은 신나는 ○○을 주네요!

7 손바닥과 손가락을 합친 전체 바닥. 이것을 마주치면
소리가 남. ○○도 마주쳐야 소리가 난다.

알맞은 낱말을 찾아 ◯로 묶기

창	문	너	머	유	기
어	렴	풋	옛	생	각
이	민	나	겠	지	곰
요	숯	빙	고	극	락
젓	포	크	북	병	초
라	디	옹	닌	텐	거
탕	통	역	키	컨	트

♥ 자기 나라를 떠나 다른 나라로 거처를 옮김.

♥ 얼음을 넣어 두는 창고를 이르는 말.

♥ 놋쇠로 만든 그릇.

♥ 서로 말이 달라 뜻이 통하지 않을 때 뜻이 통하도록 말을 옮겨 줌.

  아이쿠, 영어네? 누가 ◯◯ 좀 해 주세요!

♥ 북극에 사는 곰으로, 온몸의 털이 하얗고 헤엄을 잘 침.

길잡이 글을 잘 읽고 알맞은 낱말을 찾아 ○로 묶어 보세요.

박	사	정	씨	말	코
뿔	소	돼	앗	리	누
지	푸	라	토	비	통
기	홍	도	두	깨	소
금	러	은	삼	일	절
동	에	기	달	점	프
뛰	강	울	서	로	은

♥ 때를 씻어 낼 때 쓰는 물건으로 물기와 함께 비비면 거품이 남.

♥ 곡식이나 채소의 씨. 엄마는 텃밭에 상추 ○○을 뿌렸어요.

♥ 강이나 바닷가에 사는 겨울 철새. 목이 길고 다리가 짧음.

♥ 떡갈나무의 열매로, 묵을 쑤어 먹음.

♥ 일제에 항거한 1919년의 3·1 만세 운동을 기념하여
   제정한 국경일.

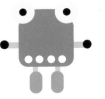

브레인 UP! 가로세로 낱말 퍼즐

🗝 가로 길잡이

1 땅이 비탈지고 조금 높은 곳.
저 ○○ 너머에는 무엇이 있을까?

3 공책, 연필, 크레파스 등 학용품과 사무용품을 파는 곳.
학교 앞 ○○○에서 찰흙을 샀어요.

5 옷, 머리 따위를 손질한 모양새. 몸 ○○○를 단정히 하렴.

7 몸이 아주 큰 사람.
『걸리버 여행기』에 나오는 ○○국 이야기는 정말 재밌어!

🗝 세로 길잡이

2 잘되기를 바라며 해 주는 좋은 말.
주로 새해에 많이 나눔. 할머니, ○○ 한 마디 해 주세요.

4 둥글거나 네모난 모양으로, 앉을 때 밑에 까는 물건.
바닥이 차거나 배길 때 씀. 자, ○○을 깔고 앉으렴.

5 여름철이면 맴맴 시끄럽게 우는 곤충.

7 찹쌀을 쪄서 떡메로 친 다음 고물을 묻혀 네모나게 썬 떡.

난 벌써 낱말
퍼즐 끝냈어!

널	기	모	윷	란	김
어	뛰	준	놀	티	비
에	쓰	기	이	기	시
깍	사	평	잡	설	로
두	우	래	화	배	탕
기	술	유	글	단	차
주	랑	카	멜	표	준

♥ 편을 갈라 윷을 던져 승부를 겨루는 놀이. 도, 개, 걸, 윷, 모.

♥ 긴 널빤지의 중간을 괴어 놓고 양쪽 끝에 한 사람씩 올라서서
번갈아 뛰어 오르는 놀이.

♥ 무를 썰어 소금에 절였다가 고춧가루와 갖은 양념을 넣어 버무린 김치.

♥ 여럿 가운데 한 사람이 술래가 되어 숨은 사람을 찾아내는 놀이.

♥ 사탕수수, 사탕무 따위를 원료로 하여 만든 단맛 내는 가루.

길잡이 글을 잘 읽고 알맞은 낱말을 찾아 ○로 묶어 보세요.

호	사	치	킨	숯	날
불	촌	바	베	큐	씨
성	별	엠	디	스	코
알	랑	실	쏭	콕	판
다	란	꽃	수	잎	풀
휘	력	대	중	교	통
백	심	처	국	진	팀

♥ 그날그날의 비, 구름, 바람, 기온 따위가 나타나는 기상 상태.

♥ 남자와 여자, 또는 암컷과 수컷의 구별.

♥ 조심하지 않아서 저지르는 잘못.

♥ 여러 사람이 이용하는 지하철, 버스 등의 교통수단.

♥ 아버지의 친형제자매의 아들이나 딸과의 촌수.
　　○○이 땅을 사면 배가 아프다.

브레인 UP! 가로세로 낱말 퍼즐

1 쇠붙이를 끌어당기는 힘이 있는 물체. N극과 S극.

3 대한민국의 수도.

4 몸을 높이 위로 솟구치는 일. 또는 더 높은 단계로
발전하는 것을 비유적으로 이르는 말.
올해는 한 단계 더 ○○하는 해로 삼자!

6 바닷속 바위에 붙어 있는 갈색 해초로,
잎은 넓고 편평하며, 날개 모양으로 벌어져 있다.
우리는 생일에 ○○국을 먹어요.

세로 길잡이

1 지구가 스스로 도는 것.

2 사회의 평화를 위해 정해 놓은 규칙.
차를 탈 때는 ○○를 지키자!

5 칫솔에 묻혀 이를 닦을 때 쓰는 약.
○○은 삼키지 말고 뱉어라.

7 무거운 역기를 들어 올리는 경기.

알맞은 낱말을 찾아 ⬭로 묶기

명	족	언	제	나	카
심	행	운	기	버	프
보	송	우	정	파	소
감	사	랑	향	하	매
도	운	방	멋	져	는
진	최	보	고	경	야
우	산	수	화	리	가

♥ 고려 충렬왕 때에 추적이 중국 고전에서 좋은 말이나 글을 뽑아 만든 책. 조선 시대 어린이들의 인격 수양을 위한 교양서.

♥ 윗옷에서 좌우에 있는 팔을 넣는 부분.

♥ 친구 사이의 정. 오성과 한음은 오랫동안 ○○을 나누었어요.

♥ 동양화에서 산, 강이 어우러진 자연의 아름다움을 그린 그림.

♥ 어떤 위치를 향한 쪽. 도둑이 어느 ○○으로 갔나요?

길잡이 글을 잘 읽고 알맞은 낱말을 찾아 ○로 묶어 보세요.

너	야	강	울	처	럼
평	승	강	기	쥐	화
토	중	애	림	불	독
예	박	창	적	놀	인
파	리	이	채	이	천
쓰	레	기	말	실	소
백	파	혜	이	진	팅

♥ 정월 대보름 전날에 긴 막대기나 줄에 불을 달고 빙빙 돌리며 노는 것.

♥ 마음먹은 일을 실제로 하는 것. 계획을 세웠으면 ○○을 하렴!

♥ 비로 쓸어 낸 먼지나 티끌, 또는 못쓰게 되어 버린 물건.

♥ 전기로 사람이나 물건을 아래위로 나르는 기계.

♥ 본디부터 있던 말이나 그것에 기초하여 새로 만들어진 말.
　설빔, 까치설, 시나브로 등등.

정답

3쪽

```
  ¹수 염
  ²박
²개 박
³미 소 ⁶축 ⁷구
     ⁵과   름
  ⁴의 자
```

4쪽

```
미 손 발 차 기 윷
단 강 추 어 이 놀
닭 공 강 놀 발 이
싸 기 을 술 씨 여
움 사 가 을 래 름
투 호 팽 오 뎅 만
불 두 이 목 속 두
```

5쪽

```
박 수 옥 돔 깨 승
개 잠 함 봉 녀 발
천 고 수 강 해 재
절 찬 드 절 사 채
학 교 양 름 도 기
향 중 갈 치 리 닭
양 심 오 징 어 오
```

7쪽

```
     갯
     벌
²시 계 ³계 ⁴단
소   ⁵짐 추
     작
  ⁶뗏 ⁷냄
     목 새
```

8쪽

```
속 도 홍 고 철 배
백 정 양 혜 식 려
진 심 남 정 영
도 숙 존 현 기 한
협 동 중 화 홍 최
법 장 전 심 주 감
울 사 책 별 공 랑
```

9쪽

```
낙 하 사 슴 영 비
표 엽 민 박 아 미
돌 당 화 수 밥 손
창 살 허 성 동 흥
문 고 장 두 주 민
횡 단 보 도 전 달
컴 퓨 스 홍 자 팽
```

11쪽

```
¹자 연
     꽃
³마 ⁴침 표 ⁵박 물 관
  식   ⁶수
     ⁶밥 ⁷솥
        뚜
        껑
```

12쪽

```
강 콩 어 메 밀 밥
남 갈 리 주 빔 간
옥 비 굴 비 상 고
돔 현 젓 옹 기 등
평 양 냉 면 심 어
카 살 소 겹 탕 이
수 연 짜 장 레 고
```

13쪽

```
비 상 문 조 니 해
도 시 락 열 매 강
줄 다 리 기 외 구
박 달 나 무 나 두
바 태 산 홍 무 쇠
렌 위 풍 딸 다 리
오 지 선 랑 기 산
```

15쪽

```
  ¹탈 춤
²독 곡
³도 구 ⁶맥 ⁷박
     ⁵저 쥐
  ⁴개 울
```

16쪽

```
소 마 씨 름 백 추
홍 단 오 셈 한 석
도 어 린 이 날 한
삼 난 중 양 절 식
영 복 하 구 코 지
하 날 보 름 동
설 성 월 대 냉 통
```

17쪽

```
육 어 린 이 디 코
소 하 해 수 박 정
임 나 원 홍 시 기
산 싸 기 칙 풍 배
부 노 단 환 컵 롱
리 약 오 스 승 닥
비 자 잔 입 낭 송
```

19쪽

20쪽

21쪽

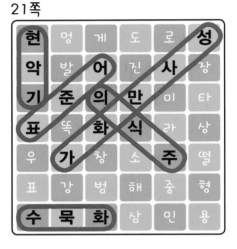

23쪽

24쪽

25쪽

27쪽

28쪽

29쪽

31쪽

32쪽

33쪽

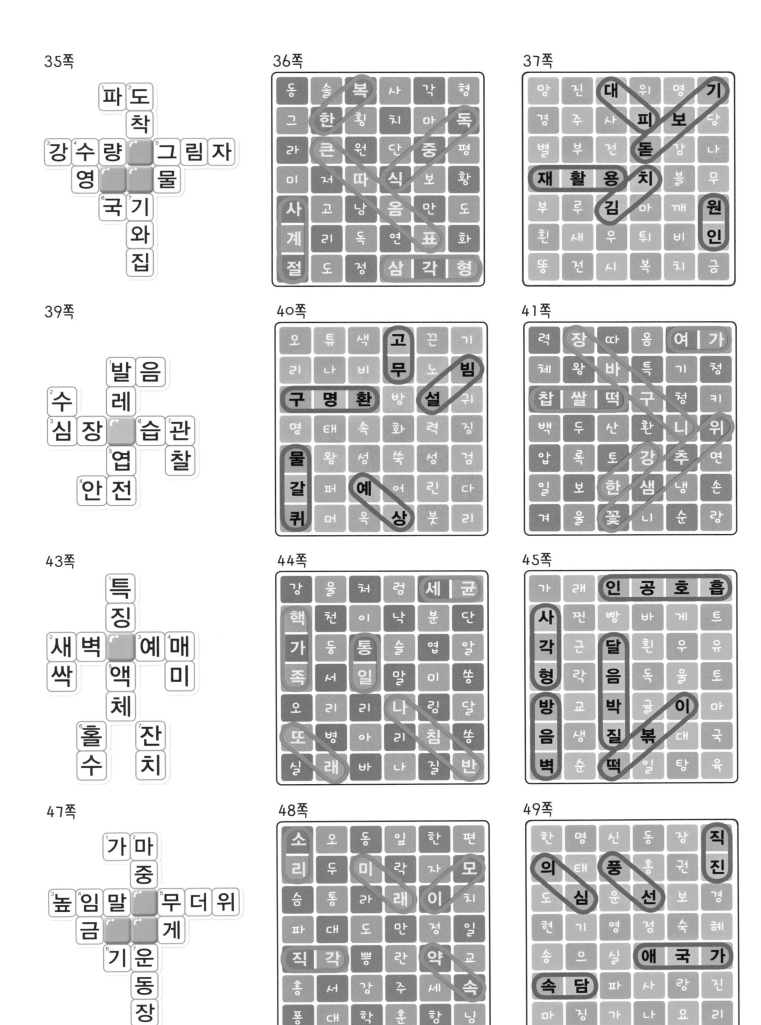

인 공 지 능 통 올
손 팔 레 트 럭 일
휴 수 노 랑 목 색
지 안 건 식 팝 리
피 세 돌 엥 인 콘
구 오 이 무 침 마
초 성 게 임 컵 닭

결 도 레 미 파 다
심 홍 창 키 위 바
보 경 열 나 판 심
운 팔 심 리 조 콩
욕 심 징 채 종 자
반 칭 한 스 위 찬
탈 총 교 안 칭 작

당 신 아 각 이 가
후 각 신 각 그 에
꽃 들 피 어 시 각
하 늘 을 촉 라 고
청 각 저 각 살 득
몽 드 세 요 외 롭
고 힘 든 너 미 각

깊 고 도 넓 생 실
두 루 마 기 물 험
향 앞 장 흐 르 네
연 차 코 도 깨 비
주 아 저 씨 천 미
사 의 말 한 리 해
도 사 랑 다 없 으

그 래 오 서 잊 지
옷 해 리 아 표 국
직 도 발 낌 자 녀
다 를 느 발 주 변
잡 다 돌 굴 생 쭈
꾸 미 익 바 헛 람
과 천 마 선 발 산

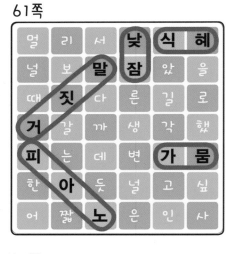

멀 리 서 낮 식 혜
널 보 말 잠 앉 을
때 짓 다 른 길 로
거 갈 까 생 각 했
피 는 데 변 가 뭄
한 아 두 널 고 싶
어 짧 노 은 인 사

당 도 미 진 주 산
가 지 꾸 린 이 백
면 두 라 줄 홍 익
인 간 지 다 넘 습
꼬 옹 쥐 각 모 기
기 현 모 각 래 독
무 지 개 립 운 중

마 법 같 앞 지 등
가 분 수 왠 호 디
스 코 그 신 래 자
소 우 서 린 아 전
직 방 도 너 무 거
리 워 관 빼 로 킥
가 위 바 위 보 볼

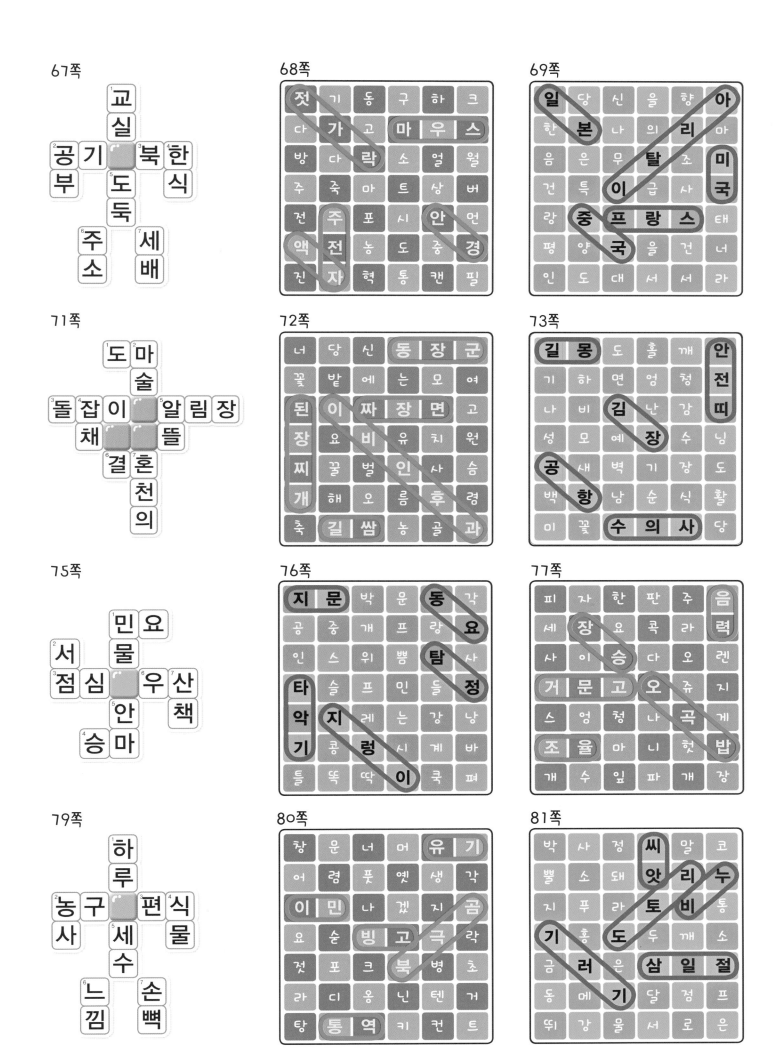

어때? 낱말 퍼즐 해 보니 재밌지? 어휘력, 사고력, 집중력… 엄청 똑똑해졌을걸!